L'ART

DE JUGER DU CARACTÈRE

DES HOMMES

SUR LEUR ÉCRITURE.

DE L'IMPRIMERIE DE J.-M. EBERHART,
Rue du Foin Saint-Jacques, n. 12.

L'ART

DE JUGER DU CARACTÈRE

DES HOMMES

SUR LEUR ÉCRITURE

AVEC [illegible] AUTOGRAPHES.

NOUVELLE ÉDITION AUGMENTÉE [illegible]

[illegible]

PARIS

[illegible]

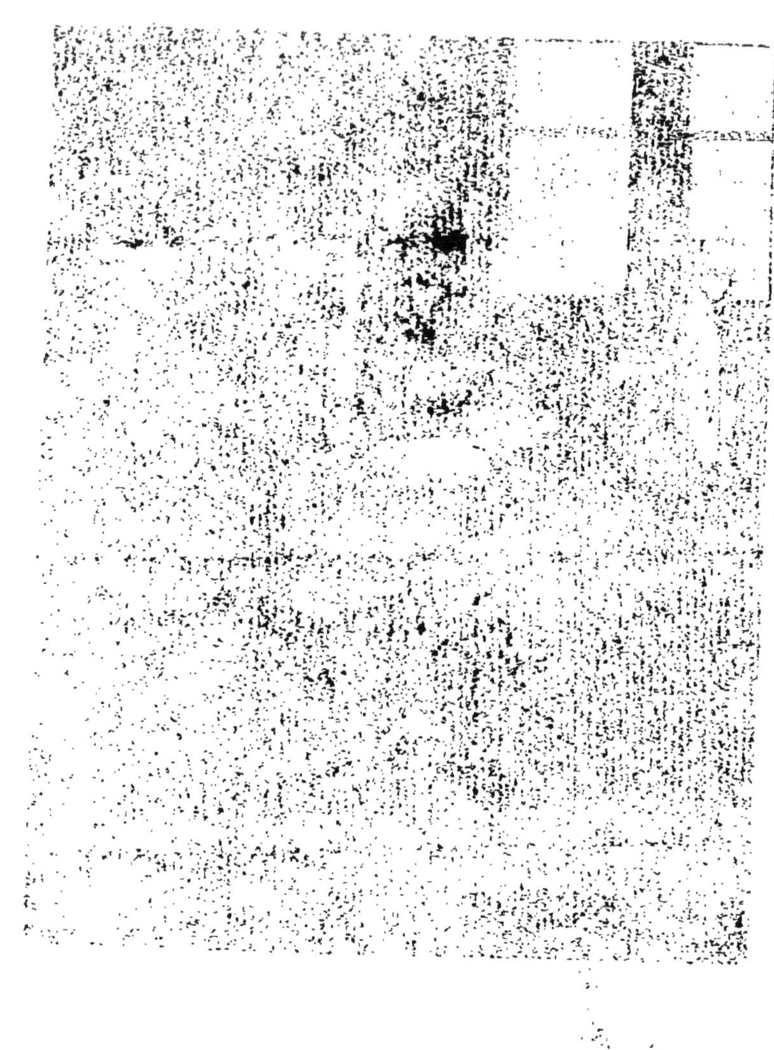

L'ART

DE JUGER DU CARACTÈRE

DES HOMMES

SUR LEUR ÉCRITURE,

AVEC VINGT-QUATRE PLANCHES REPRÉSENTANT LES ÉCRITURES DE DIVERS PERSONNAGES CÉLÈBRES, GRAVÉES D'APRÈS LES ORIGINAUX AUTOGRAPHES.

NOUVELLE ÉDITION AUGMENTÉE :

1°, D'un Essai sur l'art de juger les hommes sur leur style ;
2°, Des écritures de Louis XVI, de la reine Marie-Antoinette et du Dauphin, etc. ;
3°, D'un alphabet curieux des Sourds-Muets avec lequel on peut apprendre en quelques heures à converser avec eux.

PARIS,
SAINTIN, LIBRAIRE,
rue du Foin St-Jacques, n° 11.

MDCCCXXVI.

Pl. 1.

Alphabet manuel

des SOURDS - MUETS.

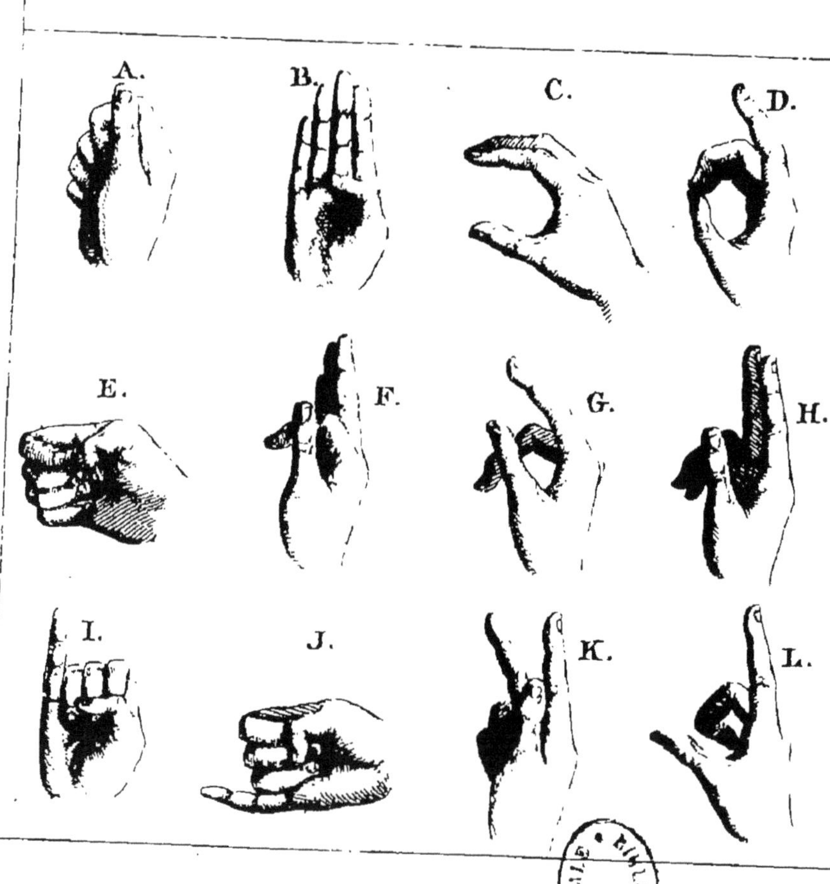

Pl. 2.

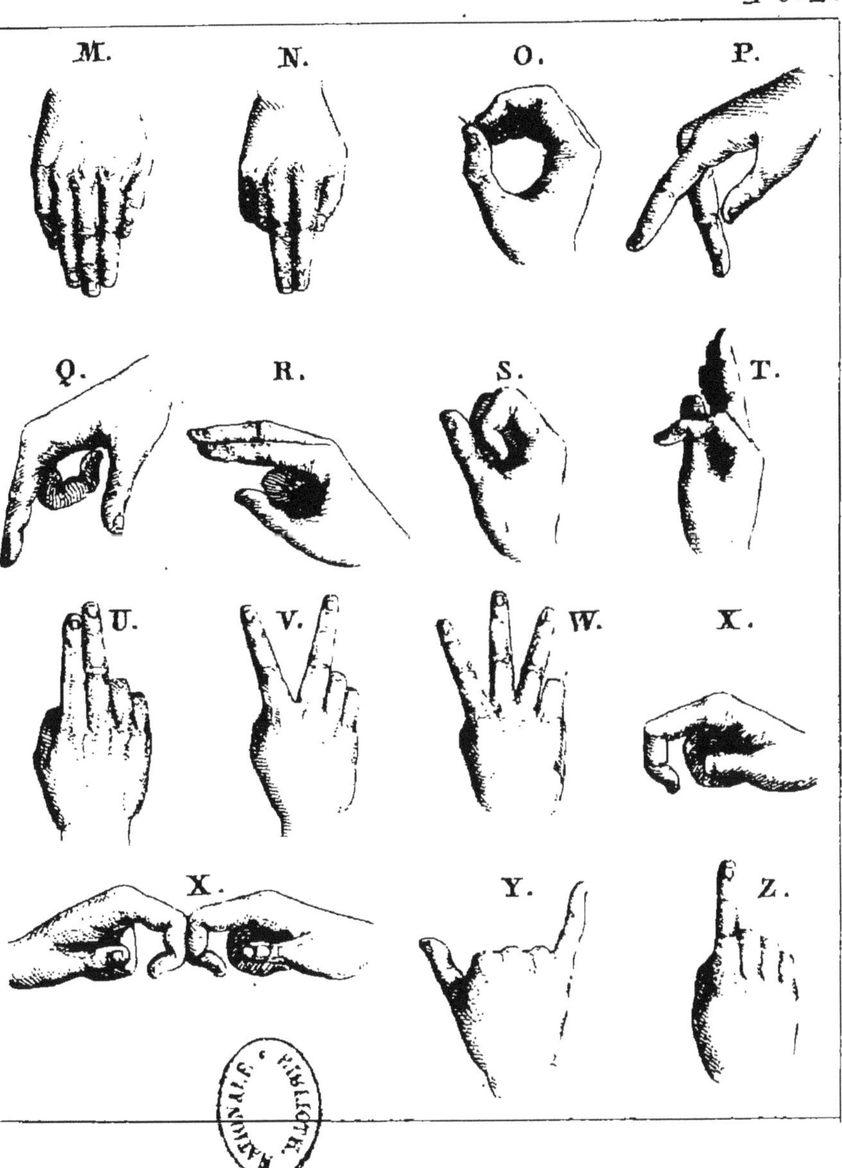

INTRODUCTION.

RIEN n'est si difficile que de connaître l'homme; comment pénétrer dans sa pensée, comment reconnaître ce qui, n'ayant aucune existence matérielle, ne peut frapper nos sens? Cependant nous communiquons nos idées, et la parole qui en est le moyen merveilleux, a paru d'une invention si difficile, que de grands philosophes ne pouvant l'expliquer, l'ont regardée comme un don de la Divinité; mais la parole n'est pas le seul moyen par lequel l'homme puisse manifester sa pensée. Les différens mouvemens qu'il exécute, connus sous le nom de *gestes*, pris dans le sens le plus étendu, constituent ce qu'on appelle *le langage d'action*.

Lorsque nous parlons, c'est presque toujours sous l'influence de la volonté. Il n'en est pas de même du geste, qui est souvent involontaire. C'est pourquoi il est plus facile de tromper par la parole; tandis que le geste qui nous échappe, porte l'empreinte de la vérité. Le langage des passions consiste principalement dans les mouvemens qui accompagnent la parole. C'est dans le geste que le plus grand des Orateurs faisait consister l'éloquence. Un regard est plus expressif que le plus heureux choix des mots. Qui pourrait persuader qu'il aime ou qu'il hait, si le trouble de son ame ne se peignait dans ses yeux, dans le jeu de sa physionomie, et dans les mouvemens qui l'agitent?

Comme le toucher détruit les illusions des autres sens, le geste souvent redresse le sens des paroles. Au sourire amer on reconnaît l'ironie; et l'incertitude du regard trahit la timidité qui se cache sous des paroles menaçantes. Les divers signes de nos pensées sont d'autant plus vrais, qu'ils seront plus difficiles à reproduire : ainsi, le ton est plus difficile à imiter que le choix des mots, et le geste plus difficile encore. Ce qui donne une grande supériorité au geste sous le rapport qui nous occupe, c'est la nécessité d'une harmonie parfaite dans tous les mouvemens de la physionomie ; si un seul trait n'est pas d'accord avec le mouvement des autres, la feinte est décélée. C'est en vain que les lèvres se meuvent comme dans l'expression de la joie, si les yeux ne brillent d'un nouvel éclat, si le front ne s'épanouit et n'efface les soucis qui le rident. Comme chaque trait a son langage, puisqu'il a des mouvemens qui lui sont propres, quel exercice ne faut-il pas pour donner à tous la même expression, lorsqu'elle n'est pas dictée par le sentiment! Si donc il est si difficile de feindre lorsqu'aucune passion ne nous agite, quel empire ne devons-nous pas exercer sur nous-mêmes, pour réprimer les mouvemens qui sont prêts à éclater, et donner à nos traits des mouvemens contraires à ceux des passions qui nous dominent! Ajoutons qu'il en est quelques-uns qui, étant entièrement hors du domaine de la volonté, ne sont nullement du ressort de l'imitation.

Ainsi, pour un observateur attentif, qui sait saisir ces diverses nuances, il est difficile d'en imposer lorsqu'on veut feindre des sentimens qu'on n'éprouve point. Mais l'homme n'a pas toujours l'intention de feindre ni d'exprimer ses sentimens; cependant ses actions, même les plus indifférentes, étant nécessairement modifiées par son caractère, peuvent, sous certains rapports, servir à le juger. L'homme, lorsqu'il agit sans contrainte, peut-il ne pas manifester sa vivacité ou sa lenteur, son impétuosité ou sa retenue, sa rudesse ou sa douceur, sa dextérité ou sa maladresse ? En général, celui qui sacrifie aux grâces, le manifeste dans tous ses mouvemens. Un original ne fait rien comme un autre, et ses mouvemens doivent porter une empreinte particulière. Voilà les principales modifications qu'on peut en général remarquer dans les mouvemens de l'homme, et qui indiquent des traits saillans dans son caractère.

Mais il en est d'autres qu'on peut tirer de la continuité ou de la répétition d'une action. A-t-elle une certaine durée, ou se répète-t-elle souvent ? on voit l'homme qui a peu de persévérance ne pas se soutenir jusqu'à la fin : c'est là toujours son défaut ; l'inconstant varier dans les formes ; le capricieux faire des écarts. Y a-t-il des spectateurs ? l'homme simple agit comme s'il n'était pas observé.

On voit donc comment un observateur attentif, et doué de sagacité, peut apprécier plusieurs traits du caractère d'un homme, d'après les mouvemens qu'il exécute, et qui paraissent les plus indifférens. On voit également, en appliquant ces considérations générales à l'action d'un homme qui écrit, qu'elle doit fournir toutes les données que nous venons d'indiquer, et si l'on considère qu'elle suit les mouvemens de l'ame et de la pensée, elle doit porter l'empreinte des passions, et avoir des rapports avec les facultés intellectuelles.

Ecriture de

LOUIS XVI.

Je recomande a mon fils s'il avoit malheur de devenir Roy, de songer qu'il se doit tout entier au bonheur de ses Concitoyens, qu'il doit oublier toute haine et tout ressentiment, et nommement tout ce qui a rapport aux malheurs et aux chagrins que j'eprouve qu'il ne peut faire le bonheur des Peuples qu'en regnant suivant les Loix, mais en meme temps qu'un Roy ne peut les faire respecter, et faire le bien qui est dans son cœur qu'autant qu'il a l'autorite necessaire;

Ecriture de la Reine
MARIE ANTOINETTE.

ce 16 8bre a 4 h ½ du matin

c'est a vous, ma sœur, que j'écris
pour la derniere fois; je viens d'être
condamnée non pas a une mort
honteuse, elle ne l'est que pour
les criminels, mais a aller
rejoindre votre frere; comme lui
innocente j'espere montrer la même
fermeté que lui dans ces derniers
moments. je suis calme comme
on l'est quand la consience ne
reproche rien; j'ai un profond
regret d'abandonner mes pauvres
enfants; vous savez que je
n'existois que pour eux,

L'ART DE JUGER

DU CARACTÈRE DES HOMMES

SUR LEUR ÉCRITURE.

Lorsqu'on écrit mal et avec difficulté, la main ne suit plus le mouvement de la pensée, et les rapports que nous avons indiqués ne subsistent plus ; mais on reconnaît que le défaut d'éducation en est la cause. Une main peu exercée, mais dont l'éducation n'a pas été négligée, le laisse apercevoir par l'effort qu'elle fait pour écrire d'une manière médiocre ; c'est ainsi qu'on distingue dans le monde, et celui qui a de l'éducation, et celui qui en manque. Une belle écriture, au concice et de soin peut se trouver dans l'écriture des hommes, mais on reconnaît quelque chose de mâle dans la main qui l'a tracée. Lorsqu'une femme écrit bien et avec facilité, n'y a-t-il pas de même quelques traits qui la décèlent? Ce n'est pas qu'on puisse s'y tromper quelquefois; mais il en est de même de sa physionomie, un caractère propre la distingue, quoique dans certains cas elle puisse nous induire en erreur.

Qui se laisse arrêter par quelques exceptions, ou ne jugera de rien, ou se trompera plus souvent que celui qui suit des règles générales. Ne voit-on pas moins de force, de fermeté et de hardiesse dans l'écriture d'une femme? ce n'est pas qu'il faille posséder ces qualités à un haut degré, pour tracer des caractères qui les représentent. Les femmes pourraient écrire autrement, mais elles n'y sont pas naturellement portées. Douées de moins de force, elles la déploient moins; leurs mains légères appuient peu sur le papier; accoutumées à s'observer, réservées dans tous leurs mouvemens, leur plume ne s'égare pas comme celle des hommes. A cette retenue se joint une délicatesse dans les formes des lettres, et une grâce dans les traits qui est parfaitement en accord avec leur goût.

Toutes les nations se distinguent entre elles par une physionomie qui leur est particulière. On les reconnaît à leurs traits, à leur air, à leur langage. Tout porte l'empreinte du caractère national; c'est ce qu'on remarque également dans le geste et dans l'écriture. Le choix de la forme des lettres peut être l'effet du hasard; elle peut être empruntée aux autres nations; mais elle est toujours modifiée par le peuple qui l'a adoptée. C'est le génie de la nation qui produit cette modification. La plupart des nations policées de l'Europe ont adopté la même forme de lettres, mais l'écriture de chacune d'elles a un caractère particulier. On distingue aussi facilement un Italien, un Français, un Anglais, par son écriture, que par les traits de sa figure. Je me bornerai à une seule observation sur le caractère des écritures nationales. Celle des Italiens est remarquable par une délicatesse et une souplesse particulières ; ne sont-ce pas les traits les plus prononcés du génie de la nation ?

La ressemblance que l'on remarque souvent entre les membres d'une même famille se retrouve de même dans leur écriture : elle est moins frappante, parce que la figure, l'air, la voix, le langage, les manières présentent un plus grand nombre de rapports ; mais elle n'en est pas moins réelle. On serait peut-être tenté de l'attribuer à ce qu'ils ont reçu la même éducation, à l'habitude de suivre les mêmes modèles, d'écrire souvent ensemble et de s'imiter réciproquement;

mais en accordant une certaine influence à l'éducation qui doit porter principalement sur la forme des lettres et sur ce qu'on peut appeler la partie matérielle ou mécanique de l'écriture, il restera toujours des modifications dépendantes des mouvemens des traits, et qui appartiennent au caractère moral. L'éducation ne doit donc que renforcer cette ressemblance et non pas la causer. Aussi y a-t-il des personnes d'une même famille, qui ont été élevées ensemble, dont on distingue à peine l'écriture ; et il y en a qui, éloignées l'une de l'autre, ont reçu une éducation différente, et qui présentent dans leur écriture une ressemblance frappante.

De toutes les actions de l'homme, il n'y en a point qui porte plus l'empreinte de l'individu que sa manière d'écrire. Les peintres et les sculpteurs ont leur touche particulière à laquelle on les reconnaît; mais pour reconnaître un artiste par ses productions, il faut qu'une assez longue étude ait perfectionné le goût et exercé le tact. Mais quel art ou quel exercice faut-il pour reconnaître la main de celui dont on a vu quelquefois l'écriture? Celle-ci représente tellement l'individu, que la législation de tous les peuples a ajouté plus d'importance à sa signature qu'au témoignage d'une multitude de personnes.

L'âge qui modifie si puissamment notre

existence, qui influe sur tous nos mouvemens, doit nécessairement imprimer un caractère particulier à l'écriture. Elle ne se fixe qu'à l'époque où le caractère se forme; elle acquiert ensuite la hardiesse et la force de l'âge viril, et la main vacillante de la vieillesse, différente de celle de l'enfance, marque les ravages du temps. Une maladie peut, durant la vigueur de l'âge, rendre la main tremblante; mais si elle ne porte pas son influence sur les facultés intellectuelles et morales, l'énergie dont elles jouissent se laisse reconnaître malgré le contour mal assuré des lettres.

Tout ce qui n'est pas régulier offense les yeux d'un homme doué de l'esprit d'ordre. Ce n'est point par raison qu'il y est porté, mais par goût. La raison peut bien fortifier ce penchant et en paraître la source; car y a-t-il rien de plus conforme à la raison que l'ordre? Le sentiment qui nous y porte est vif, constant, et se manifeste dans le plus grand nombre de circonstances de la vie; l'écriture doit donc en porter l'empreinte; c'est le caractère de celle du négociant. Aussi accorderait-il peu de confiance, soit par instinct, soit par raison, à un commis dont l'écriture serait déréglée, quoique lisible. Il n'est pas donné à tout le monde d'écrire d'une manière régulière. L'un, trop distrait, ne sait fixer long-temps son attention; l'autre se hâte trop, emporté par une vivacité naturelle, ou agité par l'émotion du moment; les uns, par une inconstance qui fait le fond de leur caractère, changent souvent les proportions et les distances; d'autres enfin, par une disposition naturelle, ne peuvent pas bien diriger leurs mouvemens. On voit donc que l'amour de l'ordre doit coïncider avec plusieurs autres qualités, pour que la volonté d'écrire d'une manière régulière puisse se soutenir et avoir un plein effet.

Une écriture régulière peut présenter plusieurs modifications, dont la plus remarquable est l'uniformité. Il y a des traits qui doivent être invariables, parce qu'ils tiennent à la forme essentielle des lettres; mais il en est d'autres qu'on peut varier à volonté. Lorsqu'on voit que ceux-ci ont une forme déterminée et constante, et présentent toujours les mêmes dimensions, peut-on refuser de croire que cette uniformité ne soit en rapport avec une grande égalité dans le caractère? Il est inutile d'ajouter que ceci est pleinement confirmé par l'expérience.

Une écriture doit être lisible, c'est la première qualité requise. Un homme exact et soigneux peut-il manquer à observer cette règle indispensable? Il ne suffit pas d'aimer l'ordre. Si la symétrie règne dans l'écriture, l'œil peut être satisfait; mais l'esprit ne l'est pas, si les règles qui prescrivent la clarté ne sont pas suivies.

Un homme minutieux poussera l'observation de ces règles jusqu'à l'excès. Il n'omettra, ni trait, ni point, ni virgule. Et cette remarque est si généralement vraie, qu'elle a donné lieu à une expression proverbiale, pour désigner un homme de ce caractère.

On peut aimer le beau sans pouvoir l'imiter, et qui l'aime et sait l'imiter, ne le recherche pas toujours. Celui qui peint, cherche à bien représenter la nature, parce que la beauté des formes, du coloris et de la composition, constitue l'excellence de l'art. Celui qui écrit, veut bien peindre sa pensée; mais elle est indépendante de la beauté des caractères qui la représentent. C'est pourquoi on la néglige souvent ; mais lorsqu'on veut y atteindre, on n'y réussit pas toujours. Il faut pour cela un certain talent d'imitation, un goût et une aptitude dont tous ne sont pas doués ; une application et un exercice que beaucoup de personnes regardent comme au-dessous de l'objet. Exceller à cet égard, suppose ou que la frivolité a dicté cette perte de temps, ou que la nécessité a fait cultiver un talent que l'on veut professer, ou dont on veut tirer parti. On reproche souvent un défaut contraire aux hommes de lettres et aux grands ; on peut soupçonner qu'ils l'affectent quelquefois, mais il leur est plus naturel qu'on ne le croit. Les uns se laissent trop entraîner par leur imagination, les autres la cultivent trop peu ; d'un côté, on attache en général trop peu d'importance aux formes extérieures, et de l'autre aux ornemens de l'esprit. Mais il est une écriture, qui sans être belle est agréable; elle n'est pas asservie aux règles de l'art, mais elle a une grâce, une élégance, et un je ne sais quoi dans les formes, qui prouvent qu'on ne les néglige point; qu'on a un goût qui n'est pas exclusif, puisqu'il s'étend à des choses auxquelles on n'attache pas une grande importance, et qu'on a l'esprit cultivé par une éducation libérale. Lorsqu'on écrit pour soi, on écrit avec plus d'abandon; mais l'homme de goût n'oublie pas ce qu'il se doit, lorsqu'il n'a d'autre juge que lui-même; ce qu'il fait il doit l'approuver, qu'il le voie seul ou que d'autres le voient. On ne se pare que pour la société; mais alors qu'on n'en reçoit pas, le négligé ne doit pas être dénué de grâce et d'élégance. On écrit avec plus de soin en écrivant aux autres; et ce soin, soutenu dans toutes les occasions, indique le désir constant de plaire. Une écriture peut être plus ou moins ornée; mais, pour peu que la recherche de ces ornemens se fasse remarquer, la vanité, l'affectation, la frivolité ou l'ostentation se décèlent.

La beauté n'est pas toujours compatible avec l'influence des passions violentes. Le chagrin profond flétrit, la colère défigure, les passions douces peuvent seules prêter des charmes. C'est pourquoi les anciens statuaires évitaient de représenter des mouvemens qui s'éloignaient trop de la limite de la modération. Un amant qui écrit à sa maîtresse, s'il est agité par un sentiment violent, le peindra, sans le vouloir, dans les traits irréguliers qu'il forme. S'il aime, et qu'il cherche à le persuader plus encore, il produira un beau désordre, par un effet de l'art. Qu'importe qu'on exagère, pourvu que l'on aime. Mais la lettre la plus passionnée, écrite à main posée, suffirait pour détromper la personne la plus éprise, si quelque chose pouvait la détromper.

L'art se décèle toujours à celui qui a bien observé la nature. On sait que la crainte rend les mouvemens mal assués. Si quelqu'un en écrivant cherche à es imiter, on voit qu'il a tremblé d'une nain trop ferme. S'il feint de se laisser mporter par la fougue des passions, on découvrira quelque chose de forcé t d'apprêté, qui s'éloigne de l'abandon u'il veut simuler. En effet, qu'on se appelle la difficulté qu'il y a à contre-aire l'écriture d'un autre; la même dif-iculté subsiste lorsqu'on veut se contre-aire soi-même : on reconnaît bien 'homme, mais pas la passion.

On a dit d'une manière très-générale, la vérité, que le mouvement est la vie; ussi ne doit-on pas s'étonner qu'il soit usceptible de nuances infinies. La vi-acité suppose la rapidité des mouve-nens; mais des mouvemens rapides ne prouvent pas toujours la vivacité du caractère. Qui écrit toujours à la hâte est pressé de finir, et s'il écrit vîte, c'est pour cesser plus tôt le mouvement; comme on peut être laborieux par paresse, et travailler afin de pouvoir se reposer. Mais on reconnaît ce désir à l'imperfection du travail, et les lettres, pour ainsi dire ébauchées, indiquent qu'on n'aimait pas la peine de les tracer.

Il est une autre impatience différente de celle qui naît de l'ennui du travail, et qui est marquée par une certaine pétulance dans les mouvemens. Lorsqu'elle est modérée, elle ne porte pas beaucoup sur la forme des lettres; cependant la main les a tracées pour ainsi dire par sauts et par bonds. Qui pourra croire que lorsqu'on écrit sous l'influence de la colère, l'esprit seul est affecté; que la main reste indifférente au trouble de l'ame; se contentera-t-elle d'y répondre seulement par sa rapidité, et tracera-t-elle avec légèreté ce qui est ressenti avec tant de force? ou plutôt, partageant cette énergie, ne passera-t-elle pas les bornes prescrites, et les caractères n'auront-ils pas des dimensions et une rudesse particulière?

Lorsque l'esprit, au contraire, est livré à la gaieté chez une personne qui y est naturellement portée, la main semble se jouer sur le papier. Les écarts qu'on se permet indiquent de l'abandon, mais non pas l'impulsion d'une passion. On peut se permettre certains ornemens, ils peuvent avoir de la grâce, mais ils sont sans prétention; ou si l'on n'a pas la main assez légère pour leur donner une tournure agréable, ils sont au moins exempts de rudesse. Lavater a donné dans son ouvrage un exemple de l'écriture d'un mélancolique flegmatique (1), et qui porte bien l'empreinte de ce caractère. En effet, il trace ses lettres avec lenteur et presqu'à regret ; il ne se complaît pas à les former ; on n'y voit pas de traits superflus ; l'écriture est sans énergie, mais elle ne manque pas de délicatesse. La lenteur de la main, lorsque la marche de l'esprit ne la retarde pas, ne peut provenir que d'un défaut d'exercice, et par conséquent d'une certaine difficulté à former les caractères, ou d'un défaut de viva-

(1) *Voyez* planche 20.

cité. Mais cette différence ne doit pas induire en erreur. La vivacité est bien le partage de l'enfance; mais cet âge écrit avec lenteur, et on y reconnaît facilement la main de l'inexpérience.

L'homme qui joint la lenteur à la force, paraît en écrivant tracer un pénible sillon. On ne peut nier que l'écriture ne porte l'empreinte de la force; nous avons indiqué son influence dans les passions énergiques, et nous avons vu que c'est un caractère tranché qui distingue l'écriture de l'homme de celle de la femme. On ne s'étonnera donc pas qu'une écriture ferme et vive indique l'énergie. L'énergie n'est-elle pas l'union de la force et de la vivacité? mais il serait ridicule de prétendre en juger l'étendue, il suffit qu'on puisse en reconnaître la trace. Il est une autre force qui consiste pour ainsi dire dans sa durée, je veux dire la persévérance; car la constance a plutôt rapport à la durée des sentimens. Dans le premier cas, la main se soutient; dans le second, elle ne varie pas les formes. L'inconstant peut ne pas se lasser d'écrire, mais il se lasse d'écrire de même.

Il est un caractère que l'on peut reconnaître à l'écriture, et qui s'allie difficilement avec la vivacité, c'est la douceur. On en trouvera souvent l'exemple dans l'écriture des femmes; ce n'est pas qu'on ne puisse s'y tromper. On en juge par l'absence des traits qui indiquent les qualités contraires, et par un certain moëlleux dans les formes. C'est ce que l'on peut bien observer dans l'écriture de Fénélon.

De la direction des passions naissent les vertus et les vices ; mais quel rapport l'objet de nos passions peut-il avoir avec le sujet qui nous occupe? toute prétention à cet égard serait vaine.

Mais on peut saisir certains rapports avec les facultés intellectuelles. Nous avons dit qu'en écrivant, la main suit le mouvement de la pensée. La première remarque que cette considération nous fournit, c'est que l'on peut découvrir si la personne qui écrit est susceptible d'une attention continue. Celui qui écrit sans erreur, fait preuve de la faculté de fixer son esprit ; et cette preuve est d'une plus grande importance qu'elle ne le paraît d'abord. Bien des personnes dans tout le cours de leur vie, n'ont jamais su copier sans ratures, tellement elles étaient incapables de maîtriser leur attention.

Regnard, en traçant le portrait du Distrait, n'a pas manqué de le représenter sous ce point de vue, mais avec les traits qui conviennent à la scène comique.

Si l'on suppose au contraire un homme occupé d'un sujet qui exerce ou son imagination, ou son jugement, l'aisance et la rapidité avec laquelle il trace sa pensée, prouvent la facilité avec laquelle il conçoit; et ce n'est pas sans raison que Voltaire, en parlant du Télémaque de Fénélon, admire la netteté du manuscrit dans lequel il se trouve si peu de ratures.

N.° 1.

J'aurois aussi besoin
d'une suite de croquis
vourriy mettrés qu'un
trait sans accessoire

N. 2.

Monsieur j'ai l'honeur de
vous adresser cette l...
pour avoir l'honeur de
faire votre Connaissance
je suit libraire &c

ÉCRITURES GRAVÉES.

Nos I et II.

Il suffit de jeter les yeux sur l'écriture du n° II, pour reconnaître le défaut absolu d'éducation.

Celle du n° I dénote une éducation moins négligée, mais qui est loin d'avoir été assez soignée.

No III.

La frivolité la plus marquée est indiquée par cette recherche d'ornemens ridicules et multipliés. On ne sera pas surpris d'apprendre que c'est l'écriture d'une personne qui devant choisir un état, a voulu être Libraire et tenir un cabinet de lecture, afin d'avoir l'occasion de lire des romans.

No IV.

Il y a moins de frivolité que dans l'écriture précédente ; de la gaieté, mais elle est sans grâce. Elle est d'un jeune homme qui ne manque pas de dispositions, mais dont le goût n'est pas cultivé.

N.° 3.

J'ai Recu de Paris En Sorte que le 10 Sans retard je solderai

N.° 4.

Amour Cruel Amour Tout doit ceder à Ton Empire à Celui qui

N° 5.

Je regrette bien de ne pouvoir vous accompagner quelquefois dans vos cours de n'être près de vous dans le séjour des muses, nous y ferions mille observations autant agréables qu'utiles.

N° 6.

je ~~saisons~~ suis infinim[ent] obligée Monsieur du souvenir que vous me marquez et de l'intere[t]

N° V.

Écriture de femme, qui indique une grande égalité dans le caractère, l'amour de l'ordre et beaucoup de douceur.

N° VI.

C'est l'écriture d'une dame qui avait l'esprit cultivé, mais qui manquait d'ordre, et qui ne sacrifiait pas assez aux grâces.

N° VII.

On reconnaît ici la main d'une dame très-exercée à écrire, de beaucoup de goût, et qui compose avec facilité (1).

(1) Madame de Genlis.

N°. 7.

Enigme

ière de mon pouvoir,
humble dans mon emploi,
'ai vu souvent s'abbaisser
devant moi,
Des plus grands souverains
la Majesté suprême
éanmoins au milieu de
ma prospérite
ous le sein de ma gloire
même
n me traite toujours
avec indignité!

N.° 8

envoyer le génie les martyrs et l'itinérai à m-de... avec la let ci jointe.

N.° 9.

3°: l'attribut particulier de quantité placé devant un nom individuel modifier un nom commun sous=entendu: le rhône, le fleuve Rhône,

N.° 10.

Tout le reste de ma lettre ne sera plus qu'une suite de Questions puisque j... &c

Nos VIII et IX.

Il est évident que les écritures des nos VIII et IX sont celles d'hommes doués d'un esprit différent.

La première annonce un caractère plein de vivacité; elle porte l'empreinte d'une imagination vive, hardie et originale, qui en même temps qu'elle s'occupe de grandes idées, ne néglige point les détails; celle enfin de l'*auteur des Martyrs*.

La seconde, au contraire, indique un esprit dénué d'imagination, occupé d'abstractions et de détails minutieux; en un mot, celui d'un grammairien.

No X.

Cette écriture est celle d'une dame qui se distingue par un esprit aimable et cultivé. On y remarque de l'exactitude sans minutie, et le désir de plaire sans coquetterie.

Nº XI.

La plupart des écritures des hommes célèbres du temps de Louis XIV, sont remarquables par la dimension des lettres. (*Voyez* plus haut); mais aucune ne porte plus l'empreinte de la grandeur et de la noblesse, que celle du personnage illustre qui semble avoir imprimé ce caractère à son siècle. (Écriture de Louis XIV.)

N°. 11.

an thance

elie non ce

concernant

man soue.

[illegible]

N.° 12.

Vostre bien Affectionee

Elizabeth

N.° 13.

your oun feitful

frind and Cusignes

Marie

N°s XII et XIII.

Qui croirait que ces écritures sont de la même époque? La première dénote la roideur et l'ostentation ; la seconde indique la simplicité, la douceur et la noblesse.

L'une est d'Élisabeth, reine d'Angleterre; l'autre est de sa cousine, Marie Stuart. La différence de ces deux écritures répond évidemment à celle des caractères.

Nos XIV et XV.

Ces deux numéros nous offrent les écritures de deux femmes célèbres du siècle de Louis XIV.

Il y a dans la première, plus de simplicité, de force et de dignité.

Dans la seconde, où il faut remarquer que les lettres trop grêles dépendent en partie de la plume, et ne produisent à cet égard qu'une modification accidentelle, on reconnaît beaucoup plus de légèreté, de facilité, de grâce et d'abandon. Ces traits distinguent bien madame de Maintenon et madame de Sévigné.

N°. 14.

Madame la
Brincesse m'a donné
les ordres et ie les
ai executtés

N°. 15.

Sy cette lettre vous
fait quelque plaisir
come vous voulez
me [illegible] quelquefois

N°. 16.

a Embden ce 15e de Juin 1759

Je Vois bien mon Cher Sacrip
que Vous Conservez le Carac
=re d'ambassadeur a etamp
il faut bien que ce Carac
=tere soit indelebile Vou
avez des espions chez moy
vous savez ce queje fais
et Vous formez des preten
=tions sur mes ouvrages

N° XVI.

On voit que la main qui a tracé ces écritures, s'est jouée en écrivant ; mais les traits qui l'indiquent, ne nous représentent pas un aimable enjouement. Ils offrent en même temps une force, une dureté et un caractère d'emportement, qui ne devait pas inspirer la sécurité, même dans des momens de gaieté ; et l'on sait que les plaisanteries du grand *Frédéric*, n'étaient pas toujours sans amertume.

N° XVII.

Il est rare que les hommes de lettres aient une aussi belle écriture; mais c'est celle d'un homme qui excellait dans tout ce qu'il faisait. Elle indique de la fermeté et de la hardiesse; mais aussi une légèreté, une facilité et une grâce particulière. On y voit de la gaieté et de l'enjouement, mais dans lesquels on ne se permet pas d'écart. C'est l'écriture de *Voltaire*.

N.° 17.

Monseigneur

faudra til que le

pauvre Voltaire

ne vous ait d'autres

obligations que de

l'avoir corrigé par

une année de bas=

-tille

N.° 18.

Paroles de Desportes

6.

Douces brébis mes fidelles
compagnes,
Vergers, buissons, forets, près,
et montagnes
Soyez temoins de mon
contentement.
Et vous, ô Dieux! faites, je
vous supplie,
Que cependant que durera
ma vie
Je ne connoisse un autre
changement.

N° XVIII.

On reconnaît à la forme des lettres et au genre de liaisons, que l'auteur ne composait pas avec rapidité (1). Cependant on y remarque une lenteur et un soin si particulier, qu'on est porté à croire, lorsqu'on lit ces vers, que la main qui les a copiés s'arrêtait avec complaisance sur les images douces, qui plaisent tant à ceux qui aiment à contempler *la Nature.*

---

(1) *J.-J. Rousseau.*

Nos XIX et XX.

On doit s'attendre à trouver dans l'écriture de *Boileau* et de *Racine*, de la fermeté et une grande simplicité : dans celle du premier, une roideur correspondante à la sévérité de son esprit et une lenteur qui indique celle avec laquelle il composait ; dans l'écriture de Racine, de l'élégance, de la facilité et de la noblesse. C'est ce qu'on peut reconnaître dans ces deux exemples.

N.° 19.

a Pons Sadianson

Croies quil n'ÿ a persome qui vous ame plus sinceranent ni par plus de raisonsque moi

N.° 20.

Comme j'estois fort interroump u hier en vous ecriuant je fis vne grosse faute dans ma lettre

N°. 21.

nous avons eu environ fi
de plus de trois mille
hommes et une
grande quantité d'officie

N°. 22.

La plus grande
ioie que iaie a mon
retour en France est
lesperance que de

N° XXI.

C'est une écriture italienne, mais elle a un caractère particulier. On voit qu'elle est tracée par la main d'un homme dur, impérieux et doué d'une grande persévérance (1).

N° XXII.

Quoique cette écriture ne soit pas italienne, elle en a la souplesse, mais elle indique un esprit très-inconstant (2).

(1) Le Cardinal *Mazarin*.

(2) Le Cardinal de *Retz*.

N° XXIII.

Il y a dans les nos 23, 25 et 27, des traits qui leur sont communs, et qui dénotent l'ordre, la clarté, la précision et la simplicité. Ces écritures sont de trois philosophes célèbres. La première, qui est de *Franklin*, annonce la douceur, l'aménité, le calme, et une certaine délicatesse dans le goût, qui est en rapport avec la disposition qu'il a montrée dans sa jeunesse, pour la poésie.

N° XXIV.

Il n'y a point dans cette écriture italienne, de ces traits durs et tortueux qui caractérisent celle du n° XXI, où l'on voit que l'impatience a précipité la main ; mais ici on remarque une imagination vive et féconde, capable de dicter des vers avec la même facilité que la main les tracerait.

No. 23.

I received duly the elegant Present of your Poetical Works. I thank you much for the

No. 24.

La vostra gentil de' 16 cominia per me desolante, ma poi termina con molto incorsolarmi

N°. 25.

Le Roi de Prusse m'a ecrit
aprés la mort de Mr. Thiri
il y a 3 ou 4 ans, qu'il ne
prendroit plus de correspond

N°. 26.

Vl pere quon
auradu temp
pur leneutten

N° XXV.

D'Alembert était âgé lorsqu'il écrivit cette lettre, mais les ans n'avaient pas affaibli ses facultés intellectuelles. On y reconnaît bien les caractères généraux indiqués au n XXIII. La sécheresse de cette écriture ne dénote nullement l'imagination, et on n'y voit pas la douceur que l'on remarque dans celle de Franklin. On conçoit pourquoi les nombres sont ici en chiffres au lieu d'être en toutes lettres. C'est un mathématicien qui écrit.

N° XXVI.

Cette écriture ne ressemble point à celle d'un homme de lettres. En la comparant au n° XI, on voit bien qu'elle est de la même époque, et l'on est frappé de la conformité de certains traits. Il y a dans les deux un caractère remarquable de grandeur. Celle-ci dénote moins de noblesse, mais plus d'énergie et d'originalité (1).

(1) Écriture du Maréchal de *Luxembourg*.

N°. 27.

Les arts se divisent en deux classes : l'une comprend tous les beaux arts, et l'autre tous les arts mécaniques.

N°. 28.

[illegible]
[illegible]
[illegible]
[illegible]

N° XXVII.

La clarté et la méthode se peignent dans cette écriture de *Condillac*.

N° XXVIII.

Cette écriture presque illisible, et tracée avec la plus grande rapidité, n'indique point l'impatience d'un homme qui est pressé de finir, mais la vivacité d'un esprit plus rapide que la plume. Il est évident d'ailleurs qu'elle offre une grande originalité; aussi est-elle de l'homme le plus original et le plus profond qui ait jamais existé: on voit bien qu'il s'agit de *Pascal*.

N° XXIX.

On trouve dans cette écriture un trait commun avec la précédente, c'est l'originalité, mais qui tient ici plutôt de la grandeur des pensées, que de leur profondeur. Qui ne reconnaîtrait la trace d'une imagination impétueuse et supérieure aux règles ? Il suffit de jeter les yeux sur cette écriture et sur la suivante, pour distinguer celle de *Bossuet* et celle de *Fénélon*.

N.° 29.

Si ce prenslalibert é
de demander avec
toutelinstance
posible a avar
lhonneur de la
protection pour leur
le Presedent delignon

N°. 30.

Les Dieux superieurs cachent aux inferieurs tout ce qu'il leur plait et Minerve qui accompagnoit Telemaque sous la figure de

N°. 31.

De ton amour et de ta crainte
Ce cœur à jamais pénétré
Sera fidele à ta loi sainte,
Et mon triomphe est assuré.
L'Impie aux traits de la justice
Croit échapper, mais le supplice
Tôt ou tard atteint les pécheurs

N° XXX.

Cette écriture de *Fénélon* contraste d'une manière remarquable avec la précédente. Ici se peignent, la douceur, la facilité, la grâce. On n'y voit point d'écart; tout y dénote une imagination féconde, mais dont les idées ne se suivent pas avec tant de rapidité.

N° XXXI.

On conserve à la Bibliothèque Royale une ode manuscrite, qu'on croit être du grand *Racine*, et dont nous présentons ici un exemple; il suffit de comparer cette écriture avec le n° XX, tiré de la correspondance de *Racine*, pour voir que celle-ci ne peut être de cet homme célèbre. On n'y retrouve point la facilité, la noblesse, et même l'énergie qui caractérisent l'écriture de ce grand poëte.

N° XXXII (1).

Autographe d'un flegmatique mélancolique, susceptible de délicatesse et de sensibilité, mais dépourvu de cette espèce d'énergie qui est fondée sur la sérénité de l'esprit. Je doute que l'amour de l'ordre et de la propreté puisse avoir des attraits pour lui. Dévot, mélancolique, il sera consciencieux jusqu'au scrupule.

(1) Cet exemple, et le suivant sont extraits du grand Ouvrage de Lavater.

N°. 32.

Dans un endroit Solitaire, Separé de tout le monde, borné des montagnes Afreuses et peuplées des bêtes les plus Feroces, jugés quel plaisir votre correspondance me seroit. Le temps où je n'ai plus de vos nouvelles me paroit si long, que je vous prie de m'en donner Surtout de votre vie litteraire. La Situation de Bonmont où je suis depuis presque deux mois

N°. 33.

J'ai l'honneur de souhaiter le bonjour a Monsieur... et de le prier de se souvenir d'un homme qui lui est devoué.

Signature de Louis XVI. Signature de Louis.

Louis Louis

Signature de la Reine

Marie Antoinette

Signature de Madame Elisabeth.

Elisabeth Marie

N° XXXIII.

Dans cette écriture-ci, il y a bien plus de vie et de chaleur que dans la première (numéro XXXII). Elle peint l'homme de goût. Tout y est plus lié, plus suivi, plus énergique et plus ferme. Je suis sûr néanmoins qu'elle fournit les indices d'un esprit très-flegmatique, qui se plie difficilement à beaucoup d'exactitude et de précision. Elle suppose un observateur intelligent et rempli de toute sorte de talens, mais auquel je ne donne que peu d'aptitude pour les Arts.

ESSAI

SUR L'ART DE JUGER

DU CARACTÈRE DES HOMMES

D'APRÈS LE STYLE.

Si l'art de juger du caractère des hommes par l'écriture est fondé sur des bases solides, ainsi qu'on l'a démontré dans l'essai qu'on vient de lire, celui de les apprécier d'après les caractères de leur style ne l'est pas moins.

C'est principalement dans les productions littéraires qu'il est facile de saisir les nuances diverses que décèle le caractère de leurs auteurs. En effet, qui a pu lire les fables du bon Lafontaine, sans s'être formé une idée assez exacte du caractère de cet homme si simple et si naïf? et après la lecture des ouvrages de Fénélon et de Bossuet, n'a-t-on pas été frappé de l'extrême différence du caractère de ces deux hommes célèbres? Nous n'essayerons donc point de développer ici l'existence des caractères physiognomoniques qui distinguent les ouvrages des hommes de lettres, puisque c'est une vérité déjà reconnue; mais nous nous attacherons plutôt à prouver l'existence de ces caractères, dans des écrits qu'on ne considère point comme productions littéraires, dans le style épistolaire enfin. Tous les hommes ne sont point nés pour la littérature, tous, et c'est le plus grand nombre, ne retracent pas avec une même facilité leurs pensées et l'expression de leurs sentimens. Cependant le style qu'ils empruntent a aussi ses traits physiognomoniques; il peint aussi le caractère de l'individu ; ses nuances sont plus fugitives, plus difficiles à saisir, peut-être, que celui de l'homme de lettres qui se livre à de grandes compositions littéraires, mais elles existent enfin.

Si les caractères de l'esprit se peignent dans la forme et dans l'arrangement des lettres, pourquoi ne se décèleraient-ils pas dans l'arrangement et le choix des mots, dans l'ordre des phrases, dans la nature des idées....

Prenez deux hommes au hasard, donnez-leur un sujet quelconque à traiter : ils le feront probablement d'une manière très-dissemblable ; d'où vient donc cette différence ? elle naîtra de celle de leurs caractères. Comment supposer en effet que l'homme froid et réfléchi peigne ses sensations avec les mêmes couleurs que l'homme d'une imagination bouillante !

Pour procéder avec méthode, nous diviserons les caractères des hommes en plusieurs grandes classes, à chacune desquelles nous rapporterons le genre de style qui lui est propre et l'espèce d'écriture qu'elle affecte le plus ordinairement. Cette classification nouvelle, à laquelle nous nous proposons de donner par la suite un plus grand développement, nous offrira aujourd'hui deux grands avantages, la précision et la clarté.

A la division des tempéramens (1), suivie jusqu'à présent par la plupart des auteurs qui ont écrit sur la physiognomonie, nous en substituons une autre basée sur l'absence ou sur la présence des deux qualités qui nous ont paru influer le plus puissamment sur le caractère des hommes ; l'IMAGINATION et l'ÉNERGIE. Ces deux qualités sont les seules qui

---

(1) La division en quatre tempéramens est en général assez inexacte. Ce qu'on appelle tempérament *mélancolique* est moins un tempérament qu'une affection organique du cerveau, et l'on omet le tempérament *musculaire* ou *athlétique* et le tempérament *nerveux*.

naissent avec l'homme ; l'éducation les modifie, mais ne les crée point ; du mélange de ces deux, naissent plusieurs autres qualités.

CLASSIFICATION.

Individus dépourvus d'imagination	caractère sans énergie	1
	caractère énergique.	2
Individus pourvus d'imagination	caractère énergique	3
	caractère sans énergie	4

Voilà donc quatre classes bien distinctes qui comprennent toutes les variétés de caractères possibles. Nous allons en développer successivement les qualités diverses.

No I.

Individus dépourvus d'imagination et d'un caractère énergique.

Cette classe assez nombreuse renferme

des hommes d'un caractère froid et mé thodique; ils vont droit au but qu'ils se proposent; si ce but est la fortune, il le manquent rarement. Les individu qu'elle comprend se livrent avec succè au commerce; rarement ils se distinguent par leur sensibilité; plus raremen encore ils se laissent entraîner aux charmes de l'amour : la beauté n'a pour eux qu'un attrait médiocre. Les vertus de personnes de cette classe sont : la droiture, la sobriété, l'économie, la prudence, l'exactitude, et la constance; elles ont en général beaucoup d'éloignement pour le jeu. Leurs défauts les plus ordinaires sont l'avarice, l'insensibilité et l'égoïsme.

Le style de ces personnes est en général clair, mais laconique ; il est totalement dépourvu d'images. Les lettres qu'elles écrivent à l'ami le plus tendre, à un parent chéri, auront presque toutes la froideur d'une missive commerciale. Peu capables d'apprécier les beautés de la nature, elles les décriront avec exactitude, mais froideur ; et sous leur pinceau décoloré, les sites les plus enchanteurs perdront leur charme et leur fraîcheur. Si des hommes de ce caractère parcourent la carrière littéraire, ils le feront très-souvent sans succès. Leur écriture a beaucoup de rapport avec celle qui est figurée au N° XXXIII. (*Voyez* page 45.)

N° II.

Individus dépourvus d'imagination ; Caractère sans énergie.

Cette classe se rapporte parfaitement au tempérament flegmatique. (*Voyez* le Lavater portatif) (1). Les défauts et les vertus des personnes qu'elle comprend, sont à peu près les mêmes, mais dans un degré très-inférieur d'intensité. Leur style n'a point la force et la concision de celles de la classe précédente ; il est plus lâche, plus mou, mais éga-

(1) Le Lavater portatif, le Lavater des dames et plusieurs autres ouvrages forment une petite *collection physiognomonique* qui se trouve chez le même libraire que celui-ci.

lement dépourvu d'images ; il est remarquable par une extrême diffusion qui n'est point le résultat de l'abondance des idées, mais qui dépend des répétitions inutiles et du grand nombre de mots employés pour désigner une même chose. Leurs écrits sont en conséquence caractérisés par la pauvreté des idées ; car toutes les fois que les mots sont nombreux, les idées sont rares. Leurs peintures sont froides, leurs descriptions sans couleur et le défaut d'énergie se fait principalement remarquer par la faiblesse des expressions et par celle qu'entraîne presque toujours la diffusion. (*Voyez* l'écriture du N° XXXII, page 50.)

N° III.

Individus pourvus d'imagination ; Caractère énergique.

Les personnes que comprend cette classe peuvent être considérées comme les plus heureusement organisées ; aux qualités les plus brillantes de l'esprit, elles joignent une grande solidité de jugement. En général, elles parcourent avec succès la carrière littéraire ; les hommes de lettres qui se sont illustrés par des chefs-d'œuvre, appartiennent en général à cette classe.

On reconnaît les individus qui en font partie à un style brillant, plein d'images et énergique; les expressions qu'ils emploient sont toujours justes et appropriées au sujet. Si le goût, fruit d'une éducation soignée, dirige leur plume, ce style sera noble et élégant. (*Voyez* les écritures des Nos VIII et XXIX.)

Les personnes du tempérament mélancolique appartiennent en général à cette classe; mais l'exaltation de leurs sentimens, la teinte mélancolique répandue sur leurs discours et sur leurs actions doivent être considérées comme les résultats d'une affection maladive et non comme les caractères d'un tempérament naturel. Leur style se distingue par un caractère mystique ou exalté; quelquefois il est plein d'obscurité, et le désordre qui y règne annonce celui de l'esprit qui l'a enfanté; mais il porte presque constamment une empreinte d'originalité qui lui est propre et qu'on tâcherait en vain d'imiter. (*Voyez* l'écriture de Pascal, page 47, N° XXVIII.)

N° IV.

Individus pourvus d'imagination; Caractère sans énergie.

Les personnes dépourvues d'énergie, dont l'imagination est riche et féconde, écrivent avec une facilité extrême; mais leur style est plutôt brillant que solide, souvent il est décoloré et presque toujours il manque de force; les sentimens y sont exprimés avec une certaine délicatesse, mais les passions y sont peintes sans énergie et quelquefois sans fidélité. Ordinairement leur style est fécond en images, mais elles manquent souvent de justesse.

Le caractère de ces personnes offre des traits assez remarquables. Leur esprit est d'une extrême mobilité; en peu d'instans elles éprouvent les sentimens les plus opposés; dans un espace de temps très-court la joie succédera à la tristesse et sera bientôt remplacée par des sentimens contraires. La plus petite circonstance bannit l'espérance de leur cœur; une autre circonstance aussi peu considérable la fait renaître.

Le cœur de ces personnes est en général bon et sensible. Les passions ont beaucoup d'empire sur elles; mais cet empire est d'une durée moins longue que chez les individus de la classe précédente. Cependant la passion du jeu est très à redouter pour eux.

Les personnes qui possèdent ce caractère sont en général peu fermes dans leurs projets et vacillantes dans leurs résolutions; il est rare qu'elles ne changent plusieurs fois d'avis dans une affaire, et celui auquel elles se fixent est souvent le plus mauvais; car il est à remarquer que chez ces individus, les premières idées, celles qui peuvent être considérées comme des inspirations subites, sont ordinairement les meilleures. Il en est de même de leur style; le premier jet de leurs pensées vaudra presque toujours mieux que les phrases qu'ils auront long-temps méditées. (*Voyez* l'écriture du No IV et celle du No XXII.)

TABLE

DES MATIÈRES.

www.ingramcontent.com/pod-product-compliance
Ingram Content Group UK Ltd.
Pitfield, Milton Keynes, MK11 3LW, UK
UKHW022113190726
13855UKWH00002B/821

9 782013 06722